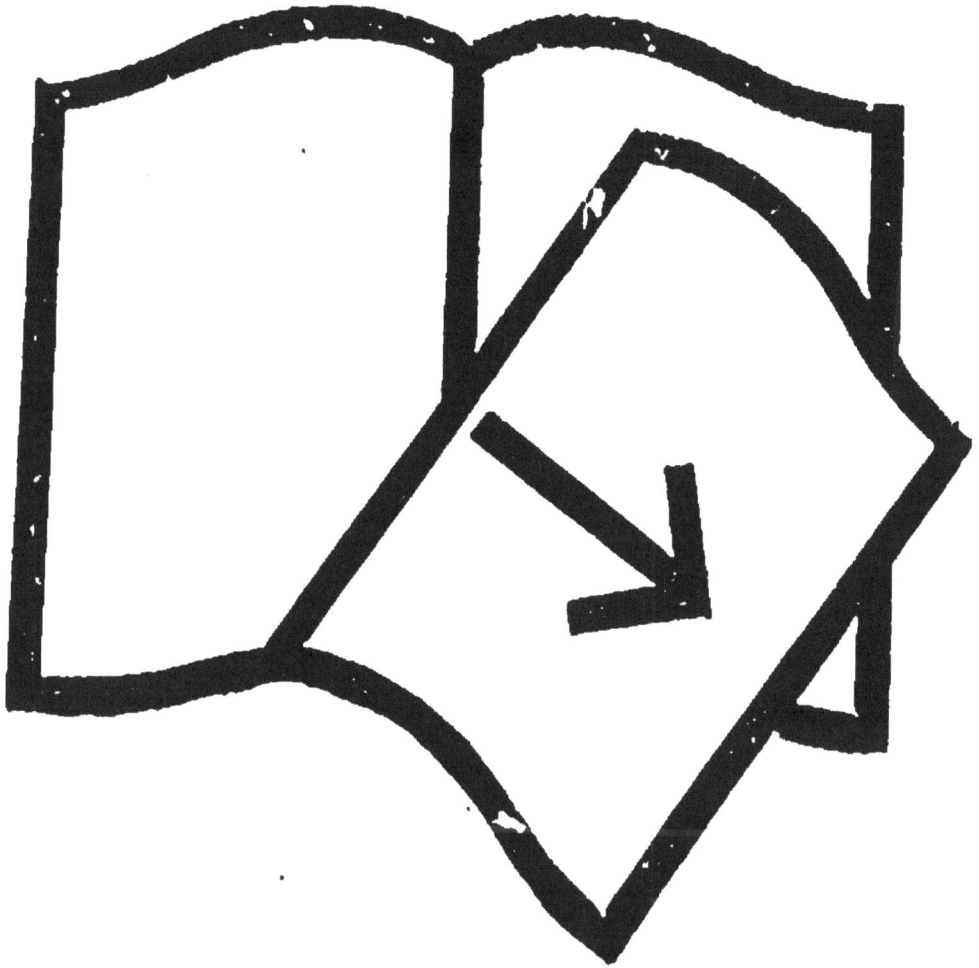

Couvertures supérieure et inférieure
manquantes

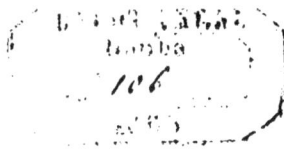

LA

SAINTE HOSTIE DE FAVERNEY.

DISCOURS

PRONONCÉ A FAVERNEY LE 17 MAI 1869,

260ᵉ anniversaire de la sainte Hostie conservée dans les flammes,

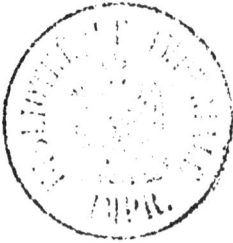

PAR M. L'ABBÉ MOREY.

BESANÇON,

IMPRIMERIE ET LITHOGRAPHIE DE J. JACQUIN,

Grande-Rue, 14, à la Vieille-Intendance.

—

1869.

LA SAINTE HOSTIE DE FAVERNEY.

DISCOURS

PRONONCÉ A FAVERNEY LE 17 MAI 1869,

260ᵉ anniversaire de la sainte Hostie conservée dans les flammes.

Patres nostri annuntiaverunt nobis opus quod operatus es in diebus
  eorum.   (*Ps.* XLIII, 1-2.)

Lorsque les nations étrangères demandaient au peuple d'Israël : « Pour-
quoi ces fêtes et ces pompes solennelles qui reviennent si souvent, et ont
le privilége d'exciter votre joie, » les enfants d'Israël répondaient aussitôt :
« Ces fêtes sont les monuments qui nous rappellent les bienfaits dont le
Seigneur combla nos aïeux. Ils les ont établies en souvenir des œuvres
admirables dont ils furent les témoins. » Ainsi répondent depuis plus de
deux cents ans les heureux fidèles de cette église de Faverney, dans
laquelle le Seigneur daigna se révéler un jour avec tant de gloire et de
magnificence (1). C'est avec une foi toujours vive et une joie toujours nouvelle qu'ils redisent avec le prophète : Nos pères nous ont annoncé les
grandes choses que vous avez faites en leurs jours ! *Patres nostri annuntiaverunt nobis*.

  Le miracle de la sainte Hostie conservée dans les flammes est un des
faits historiques les mieux constatés dont les annales de l'Eglise fassent
mention. Dans un temps où la science et la critique prétendent avoir
raison de tout, nous espérons montrer que ce prodige est inattaquable ·

---

(1) *Vox Domini in virtute.... vox Domini in magnificentiâ.* Ainsi commence l'introït
de la messe qui se chante à Faverney le lundi de la Pentecôte.

aussi bien au point de vue de l'histoire qu'au point de vue de la science et de la critique. Nous en trouvons les preuves :

1° Dans le nombre et la véracité des témoins qui l'affirment ;

2° Dans la faiblesse des objections qui l'attaquent ;

3° Dans l'éclat des démonstrations dont il a été et est encore l'objet.

Je ne dirai rien qui n'ait été puisé aux sources mêmes (1), et si quelque chose peut faire pardonner la sécheresse de cette dissertation, c'est qu'en justifiant le miracle de la sainte Hostie de Faverney, notre unique désir est de rapporter au Dieu de l'Eucharistie la gloire de ces œuvres que nos pères nous ont racontées.

I.

C'est dans la nuit du 25 au 26 mai 1608 que la puissance de Dieu se manifesta sous ces mêmes voûtes qui nous abritent encore. Afin d'exciter davantage la dévotion du peuple qui venait visiter l'église abbatiale aux fêtes de la Pentecôte, les religieux avaient exposé le saint Sacrement sur un autel décoré de riches ornements que la pauvreté du monastère (2) avait forcé d'emprunter aux meilleures familles de la ville. Un baldaquin assez lourd, porté sur quatre colonnes de bois, formait un tabernacle dans lequel reposait sur un marbre l'ostensoir d'argent renfermant deux hosties consacrées. Le tabernacle et l'autel étaient adossés à la grille du chœur.

Accablés par la fatigue, et atteints aussi de cette incurable négligence qui est le signe caractéristique des ordres relâchés (3), les gardiens du

---

(1) Laissant de côté le récit de Boyvin, qui est entre toutes les mains, nous nous sommes surtout attaché à recueillir les documents inédits dans les titres originaux et les manuscrits de l'abbaye. Voici les sources principales : avant tout, 1° les dépositions des témoins, procès-verbal clos le 4 juin 1608 ; 2° le rapport adressé à Paul V par Guill. Simonin, archevêque de Corinthe, commissaire du saint-siège pour réformer l'abbaye de Faverney, *Instrumentum authenticum reformationis B. M. V. Fav.* (Archives de la Haute-Saône, H, 520) ; 3° le manuscrit autographe de dom Odilon Bebin, religieux de Faverney, in-12, 320 pages (Biblioth. de Vesoul) ; 4° le manuscrit de dom Maur Michelet, mort en 1741 ; celui du P. Ludovic de Faverney (Bibl. de Besançon) ; les archives de Faverney et de Dole ; le P. Fodéré ; le bullaire du parlement, etc. Il nous a été impossible de retrouver le manuscrit de Jacques Durand, chanoine de Calmoutier, témoin oculaire.

(2) L'abbaye de Faverney, pillée par les soldats de Volfgang des Deux-Ponts (1569) et de Tremblecourt (1595), était dans un état voisin de la misère. La visite de la sacristie, faite en 1613, constate un manque absolu de linges, ornements, et ne présente que des objets sans valeur, avec des livres de chœur déchirés. (Archives de la Haute-Saône.)

(3) Toutes les relations anciennes ont accusé les bénédictins de négligence. Disons, à

sanctuaire s'étaient retirés vers dix heures du soir, après avoir disposé deux flambeaux et deux lampes qui devaient veiller à leur place.

Que se passa-t-il pendant la nuit? Nul ne le sait. Seulement, quand, à trois heures du matin, le sacristain de l'abbaye (1) ouvre les portes du cloître, il se trouve en face d'un autel incendié, voit l'église remplie de fumée et se met à crier au secours. Quatre ou cinq religieux arrivent bientôt, et tous se mettent à chercher l'ostensoir au milieu des débris fumants qui recouvrent le pavé. Tandis qu'ils en déplorent déjà la perte, un novice le voit suspendu, sans support, à la place même où il était la veille. Une exclamation de surprise et de frayeur s'échappe de toutes les bouches; le sacristain, qui veut à tout prix tirer quelque épave de ce naufrage, avance vivement le bras pour saisir le vase sacré, mais le novice l'arrête, et alors commence une scène dont la naïveté et le naturel nous semblent déjà une preuve de vérité (2).

Quel parti prendre en face de cet événement? L'un dit: Il faut de suite fermer les portes de l'église, pour empêcher la rumeur publique. Mais, répond un autre, il n'est pas possible de cacher un fait aussi prodigieux. Il faut appeler le peuple pour en être témoin, ajoute un troisième. Gardez-vous-en bien! s'écrie le sacristain; le peuple nous reprocherait notre incurie et la perte des ornements qu'il nous a prêtés! Si on prévenait l'évêque diocésain, reprend le premier. Qu'y pourrait-il faire? réplique le second. D'ailleurs, Besançon est trop loin. Mieux vaudrait aller chercher les capucins de Vesoul, qui sont sages et grands théologiens. Cet avis prévalut.

Mais tandis qu'on disputait de la sorte, la rumeur publique avait réveillé toute la ville, quelques bourgeois étaient entrés par le cloître; les autres, croyant courir au feu, se précipitaient par la grande porte, et en moins d'une demi-heure toute la population de Faverney remplit l'église. Elle voit l'ostensoir suspendu, décoloré, livide, bruni par les flammes

---

leur décharge, que les travaux des jours précédents les avaient accablés de fatigue. (Manuscrit de l'abbaye.)

(1) Le sacristain était un des dignitaires de l'abbaye; c'était toujours un religieux profès et prêtre.

(2) Attente et oculos circùm circà celeriter revolventes, quod consilii capiendum attingere non audent, unus claudendos ecclesiæ fores propter rumorem; alter, tantum non posse subticeri factum. Alius advocandum populum; renuit sacrista, propter incuriam commissam et combusta ornamenta mutuata. Ille monendum episcopum, iste non aiebat. Illicò è Vesuliensi vicino oppido, secretò advocandos PP. Capucinos, ut, communicato consilio, quid facto opus sit statuant.... (Instrumentum authenticum arch. Cor.) (II, 520, archives de la Haute-Saône.)

comme s'il eût été tiré d'une fournaise ardente (1). Au-dessus flotte un lambeau d'étoffe épargné par le feu; au-dessous il ne reste qu'un brasier à demi éteint, les débris d'un chandelier fondu et d'un marbre calciné. A ce spectacle, les plus indifférents sont convaincus, ils reconnaissent le prodige, et se prosternent en criant pardon et miséricorde.

Cependant l'extrémité de la croix et de l'ostensoir semblait toucher à la grille du chœur, les cendres et les charbons qui la recouvraient, empêchaient d'en bien juger; mais le doute ne fut bientôt plus possible, la multitude se précipitant contre la grille, lui imprima des secousses qui la déplacèrent, firent tomber les cendres et le charbon, de telle sorte que l'ostensoir se trouvait complétement isolé des barreaux du chœur.

Le bruit d'un fait si extraordinaire se répand bientôt. La ville de Vesoul, avertie des premières, voit partir environ 120 de ses habitants, qui arrivent à Faverney vers trois heures de l'après-midi; pendant toute la soirée et toute la nuit de nouveaux pèlerins affluent, venant de toutes les directions. La suspension merveilleuse dure toujours, elle ne cesse qu'après avoir été constatée par neuf ou dix mille témoins durant l'espace de 33 heures, et tous s'en retournent en rendant gloire au Dieu de l'Eucharistie, seul capable d'opérer de semblables prodiges. Et, remarquons-le bien, dans cette nuée de témoins (2) il n'y avait pas que des ignorants ou des catholiques fanatisés, comme l'ont prétendu quelques libres penseurs. Outre les magistrats, les nobles, les artisans, les laboureurs, les prêtres et les soldats, qui déposèrent sur ce grand événement, il y eut des catholiques bien douteux et des hérétiques qui en furent témoins. Si l'affirmation des contemporains ne vous suffit pas, ouvrez les mémoires du xvi° siècle, et vous verrez que la terre de Faverney fut une

---

(1) Livido, subrubro, et quasi ex ardenti fornace extractum fuisset, decolorato.... (Instr. auth.) Baldachini combusti ligneas reliquias cum panni particulâ, perpendiculariter super Sacramento ab igne relictâ, quæ licet fusca et incomposita, gloriosam tamen Creatori suo umbellam præbere videbatur.... Suborta fuit illis nihilominùs dubitatio nùm aliquando sacrum vasculum craticulæ ferreæ seu cancellis adhærebat. Declinabat enim ad ipsos parvæ crucis superpositæ transversarum pars altera, spatiumque illud, quod inter ferrum et vasculum erat, combustionis cineribus opplebatur. Sed premente populi multitudine et cancellos ferreos fortiter agente, excussi fuerunt cineres, et tunc spatio inter vasculum et cratem notanter aperto, magis miraculi innotuit veritas. (Instr. auth. arch. Corinth.)

Le P. Fodéré, qui se trouvait à Faverney le 25 juillet 1608, explique le *notanter* en disant qu'on passait « entre le treillis et le ciboire, tantôt un linge, tantôt un *missel*, » ce qui supposait au moins huit ou dix centimètres de distance.

(2) *Heb.*, xii, 1.

des plus travaillées par les émissaires de Luther et de Calvin. Amance était depuis 80 ans un foyer de mauvaise doctrine, ses seigneurs mangeaient de la viande pendant le carême, signe alors manifeste d'apostasie que le peuple leur reprochait hautement (1). Les seigneurs de Vauvillers et de Saint-Remy avaient embrassé la cause de la réforme, et même un gentilhomme de Faverney avait trahi son Dieu et sa patrie en abandonnant furtivement le château de Faucogney (2) qu'il devait défendre comme la clef du pays. Sur la frontière de Lorraine, à 25 kilomètres de Faverney, les calvinistes tenaient des assemblées dans lesquelles on prenait à tâche de blasphémer l'Eucharistie (3), et, malgré les peines sévères édictées contre les hérétiques, la réforme avait des intelligences dans toute la contrée. Eh bien ! le miracle de l'an 1608 fut tellement éclatant, qu'à dater de cette époque l'hérésie fut frappée au cœur dans le nord de notre province. Ses suppôts n'osèrent point nier un fait attesté par dix mille voix, et avoué par ceux mêmes qui avaient intérêt à le faire disparaître. La critique la plus difficile pourrait-elle exiger des conditions plus rigoureuses de certitude et d'autorité ?

II.

La faiblesse des objections qui furent soulevées plus tard, vient encore prouver la réalité du prodige. Admettons, si vous le voulez, que la conservation des saintes espèces au milieu des flammes ne soit point miraculeuse, parce qu'on ignore le degré de chaleur qu'elles ont du subir. Il reste un fait qui est vraiment contraire à toutes les lois connues, c'est celui de la suspension dans les airs d'un corps pesant, qui, se trouvant sans supports, devait nécessairement tomber. Voilà une vraie dérogation aux lois de la nature.

En présence des dix mille témoins qui l'affirment, niez-la, si vous l'osez! Vous niez alors la possibilité du miracle, vous refusez à l'auteur de la nature le droit de déroger aux lois qu'il a portées ; vous renversez les bases de toute certitude, et la discussion n'est plus possible avec vous.

(1) Les sires de Vienne, qui tenaient Amance et Vauvillers, prirent le parti du prince d'Orange. Ils finirent par résider en Suisse, devinrent seigneurs de Nyon, Coppet, etc., et furent très zélés pour la réforme. (Voir Moréri et les mémoires de Granvelle.)

(2) Doc. inéd. Mémoires et correspondance de Granvelle.—Ce traître se nommait Jean de Citel, de la maison de ce nom, dont une branche résidait à Salins, l'autre à Faverney.

(3) Ce prêche hérétique se tenait à Martinvelle, dans la maison d'un riche sectaire, nommé Barrey. (*Instr. auth.*)

Il y a longtemps que le philosophe de Genève a indiqué la demeure qui convient aux logiciens de cette force, quand il a dit : « Ce serait faire trop d'honneur à cet homme que de lui répondre, il suffirait de l'enfermer. »

Le fait étant si bien avéré que toute négation est impossible, il reste à l'expliquer. La science et la critique nous ont dit : Il est vrai que l'ostensoir est resté suspendu pendant trente heures et plus, mais tout s'explique facilement, puisque le bout de la croix touchait la grille du chœur. Un courant magnétique suffit à résoudre le problème. C'était la science des bénédictins qui en faisait tous les frais. — Quoi ! vous parlez au nom de la science, et vous la connaissez si peu ! Ne savez-vous pas que l'or et l'argent dont se composait l'ostensoir ne sont point des métaux magnétiques? Ils sont même tellement insensibles que l'électro-aimant le plus puissant ne soulèverait pas un gramme d'argent, tandis que l'ostensoir en pesait deux cent cinquante. Ignorez-vous donc que la chaleur intense à laquelle les barreaux du chœur furent soumis pendant l'incendie, suffisait à leur faire perdre toute vertu magnétique ! Cette vertu, d'ailleurs, à supposer qu'elle existât, n'eût point été suffisante pour résister aux secousses produites par la chute du baldaquin, dont les débris étaient encore sur le pied de l'ostensoir (1). Elle aurait au moins dû agir parallèlement au reliquaire sacré, et le tenir dans une position perpendiculaire, ce qui n'est pas, puisque tous les témoins assurent que la position oblique de l'ostensoir, dont le pied s'éloignait des barreaux, les a surpris et frappés, tant elle était peu naturelle. Enfin, quand le prétendu courant magnétique fut interrompu par l'éloignement violent de la barrière, l'ostensoir aurait dû tomber aussitôt ; cependant il ne remua point, et resta encore suspendu pendant dix-huit à vingt heures ce qui est contraire à toutes les données de la science.

Que répondre à ceux qui prétendent qu'un fil habilement dissimulé était le nœud de toute l'affaire? Certes, il faudrait bien peu respecter nos aïeux, pour penser qu'ils furent victimes d'une supercherie aussi grossière. Nous répondons simplement : l'illusion était impossible (2). L'os-

(1) Le ciel du baldaquin était assez pesant, attaché avec ses pentes sur un châssis de bois à plusieurs liteaux traversant de part et d'autre en différents endroits.... (Descript. des couv. du Comté, 1619.) Le P. Fodéré obtint un de ces débris, *de la grosseur d'une noix*, brûlé aux deux bouts, et qui était resté sur le pied de l'ostensoir.... (FODÉRÉ, page 650.)

(2) Prudent Chalon, juge à Vesoul, 52e témoin, constate dans sa déposition que « l'ostensoir était suspendu dans l'endroit le plus clair et lumineux de l'église. » En

tensoir n'était point perdu dans les hauteurs de la voûte, il était au ni-
veau de la vue des spectateurs, à cinq pieds seulement du pavé. Chacun
pouvait en approcher librement. Ce ne fut que le soir du lundi qu'on éleva
une petite barrière pour contenir la foule. Si des milliers de témoins
n'ont pu voir ce fil, le fait serait encore plus étonnant que le miracle lui-
même.

Mais les bénédictins étaient respectés ; ils étaient les seigneurs du pays,
leur influence était grande, et, une fois l'impulsion donnée, chacun a cru
voir un miracle dans un fait qui devait apporter profit à la ville et au monastère. — Cette difficulté tombe complétement devant les réponses de l'histoire. Les bénédictins de l'an 1608 ne songeaient à rien moins qu'à faire des
miracles. L'abbé Alphonse Doresmieux ne connaissait même pas le monastère (1) ; la volonté du souverain l'avait appelé depuis quelques jours
à le gouverner, et il y arrivait parfaitement inconnu. Le sacristain
organisateur de la fête ne songeait qu'à la perte de ses ornements (2), et
voulut même prendre l'ostensoir. « Sans moi, disait plus tard le novice
qui l'arrêta, la Franche-Comté était privée de son plus grand prodige (3). »
Pour les autres religieux, le fait n'avait rien d'honorable ; il ne faisait
que mettre en relief leur coupable négligence ; ils avaient si peu prévu
le cas, qu'ils ne savaient quel parti prendre et envoyèrent chercher des
conseillers à dix-huit kilomètres du monastère.

En supposant, du reste, que les titres seigneuriaux des bénédictins
aient influé sur les sentiments de leurs sujets, nous demandons quelle
influence ces titres pouvaient avoir sur les étrangers? Quel intérêt les
cent vingt Vésuliens, accourus le premier jour, ou les habitants de

effet, la lumière des cinq fenêtres de l'abside et des deux grandes fenêtres du transsept
converge en cet endroit.

(1) Dom Alphonse Doresmieux était grand-prieur de Saint-Vaast d'Arras, lorsque,
dans les premiers jours de mai 1608, il fut nommé abbé de Faverney. C'était « un
Flamand judicieux, » qui n'était jamais venu en Franche-Comté, et qui, le 1er mai 1608,
ne connaissait même pas le nom de Faverney. Le bruit du miracle hâta sa venue, et il
s'installa aussitôt sans avoir reçu ses bulles... « *Necdùm* venerat R. D. Alphonsus abbas,
qui paucis abhinc diebus (etiam inscius abbas), nominatus fuerat. (Instr. auth. et manus.
de D. Bebin.)

(2) Et peut-être de ses bénéfices, car c'est à lui *que revenaient les offrandes, deniers
et cierges apportés pendant ces trois jours.* (Arch. de l'abbaye.)

(3) Ce novice était Claude-Hydulphe Brenier, né à Luxeuil en 1588. Il avait alors
dix-neuf ans et non treize, comme le dit Boyvin. Il fut le plus ferme appui de la réfor-
mation de saint Vannes à Faverney, devint coadjuteur (1622), puis successeur de D. Alphonse, et mourut en odeur de sainteté (1662), après avoir été la providence de la
contrée pendant la guerre de dix ans. (Manuscr. de D. Bebin.)

Conflans, sujets du duc de Lorraine, avaient-ils à ménager les seigneurs de Faverney?

Mais je vais plus loin, et je dis que, quand même les bénédictins auraient voulu tromper, ils n'auraient pu abuser de leur science et de leur pouvoir, ils n'auraient pu réussir, même à Faverney. J'en trouve la preuve dans les archives de la ville et du monastère. A cette époque, des questions d'intérêt avaient passionné les esprits. La commune réclamait depuis longtemps des bois et pâturages que l'abbaye regardait comme siens. Les habitants perdirent leur procès. Cet échec fut le signal d'une explosion de haine et de fureur contre les religieux. Le peuple en vint aux voies de fait. L'abbé dom Alphonse fut insulté dans une assemblée publique et poursuivi à coups de pierres; les religieux ne pouvaient sortir sans être injuriés par la populace, qui les couvrit même de boue (1), et les choses allèrent si loin, que, pour mettre un terme à ces violences, le parlement dut faire mettre en prison six des principaux de la ville, qui les provoquaient en les encourageant.

Et voilà les seigneurs dont l'influence aurait pu faire accepter sans réclamation une grossière supercherie! Et dans ces débats passionnés qui se terminèrent seulement en 1624, nul ne leur aurait dit : Vous êtes de vils imposteurs! Non, cela n'est ni raisonnable ni possible.

Enfin, une dernière objection était faite autrefois par nos amis eux-mêmes. C'était un honorable scrupule qui la dictait. La cour de Rome, disait-on, a refusé d'approuver le miracle de Faverney, parce qu'on n'avait point passé une lame tranchante au-dessus de l'ostensoir. La réponse directe à cette difficulté, c'est que *jamais*, avant le mois de novembre 1862, cette approbation n'a été demandée à la cour de Rome : elle n'a donc jamais pu la refuser. L'archevêque de Besançon, en publiant le miracle après une information solennelle et rigoureuse, n'a fait que se conformer aux prescriptions du concile de Trente (2). La chose était si bien jugée, que le commis-

---

(1) Dom Grappin n'a consacré qu'une ligne à ces débats et en a flétri les auteurs. Le réquisitoire du procureur général nous apprend à quel point l'animosité était portée, puisqu'il constate *vingt-quatre* attaques ou actes de violence contre les bénédictins. L'arrêt définitif est du 7 septembre 1624. (Regist. du Parlement. — Man. de D. Bebin.)

(2) Denique, quia de miraculo, de quo fusiùs suprà, quæ res est summi et gravissimi momenti, solemnes, tùm publicæ, tùm privatæ, informationes factæ fuerunt à vicario generali archiepiscopatûs Bisuntini, resque in notoriam omnium evidentiam effusa est, nobis ad S. S. dominum nostrum ea quæ in hoc instrumento describuntur, transmittere et humiliter offerre sufficere visum est. Datum Bisuntii, in ædibus nostris abbatialibus Sancti-Vincentii..., 2 aug. 1614. Guill., arch. Corinth. (Arch. de la Haute-Saône, H, 520.)

saire du saint-siége pour la réforme de l'abbaye se contente d'exposer le fait au pape Paul V, en l'assurant que tout s'est passé selon les règles. « Le fait est tellement notoire, dit-il en concluant son rapport, qu'il me suffit de l'exposer à Votre Sainteté. » Et le même pape, en approuvant l'acte de réforme dans son entier, approuvait par le fait même le prodige dont le récit y était inséré.

Il est donc bien vrai, selon l'énergique et naïve expression de Boyvin, que nos pères furent « soigneux à esplucher » cette œuvre étonnante dont ils nous ont raconté les moindres détails, et que nous en sommes réduits à douter de tout, ou à dire avec eux : Le doigt de Dieu est là !. Toutes les données de la science et de l'histoire concourent à fortifier la déposition des témoins et la décision des juges. La confiance des peuples leur donne un nouveau degré de certitude que nous allons rapidement exposer.

III.

Ce fut le 25 juillet 1608 que l'archevêque de Corinthe, suffragant de Besançon, vint ici proclamer, en présence d'une foule innombrable, le jugement doctrinal rendu par Ferdinand de Rye sur la réalité du prodige [1]. Ce jour-là même commença entre les villes de Dole et de Besançon une lutte fameuse, qui montre l'importance attachée dès le premier instant aux saintes reliques de Faverney. L'archevêque de Corinthe demandait une des hosties miraculeuses pour la ville métropolitaine. Comme supérieur et comme ami, il avait le droit d'être écouté ; l'abbé fut inflexible, et déclara que le pape seul pourrait statuer sur cette translation [2]. La ville de Dole vint à son tour et ne fut pas plus heureuse. Mais le parlement de Franche-Comté, ce noble corps « contenant tellement tout le païs en » l'integrité du christianisme qu'il n'y a peuple au monde plus jaloux à sa » religion [3], » le parlement fit intervenir la puissance souveraine, et la balance pencha en faveur de Dole. Le 7 octobre, l'archiduc Albert prie

---

(1) Les informations juridiques sont des derniers jours de mai ; la décision des théologiens, du 9 juin ; le mandement doctrinal, du 10 juillet 1608.

(2) Le P. Fodéré, qui était présent, raconte ce débat (page 644). L'archevêque de Corinthe obtint comme dédommagement les deux chandeliers d'étain, dont l'un était fondu, et, plus tard, le corporal sur lequel l'ostensoir s'était reposé. Les chandeliers sont perdus, mais le corporal est encore en état de parfaite conservation dans le trésor de Notre-Dame de Besançon, où nous l'avons visité le 29 avril 1869.

(3) FODÉRÉ, *ibid.*

l'abbé de céder une des saintes hosties à la ville capitale du Comté ; l'abbé refuse, mais le 12 novembre il reçoit un ordre formel (1), et la résistance n'est plus possible. Un traité solennel intervient alors. Il constate que les magistrats dolois, «mehus de grande devotion,» *ont fait plusieurs* voyages devers l'abbé pour obtenir que l'Hostie miraculeuse soit mise à l'abri des surprises de la guerre, et conservée avec plus de sûreté et d'honneur dans la capitale de la province, qui est ville forte et entourée de bonnes murailles (2). Puis vient cette réception solennelle de la sainte Hostie, dont il faut lire les magnificences dans les récits contemporains. Rappelons seulement un fait qui peint sous les plus vives couleurs la confiance et la foi de nos aïeux. C'est que le brillant cortége qui accompagnait la sainte relique, marcha nu-tête depuis Faverney jusqu'à Dole, et cela se passait du 18 au 21 *décembre* de la même année 1608 (3) ! Déjà la renommée du prodige avait franchi les limites de la province, saint François de Sales était venu s'agenouiller devant le Sacrement du miracle. Le P. Lejeune annonçait ce prodige dans toutes les villes de France, et le P. Fodéré en racontait les détails dans toutes les maisons de l'ordre de Saint-François. Ainsi le miracle de Faverney recevait, avec les suffrages populaires du comté de Bourgogne, le triple hommage de la puissance, de la sainteté et du talent.

C'était le prélude des honneurs extraordinaires que nos aïeux voulaient décerner à cette grande manifestation de l'amour de Dieu pour notre pays. Dole et Faverney rivalisent de zèle pour en perpétuer le souvenir, en élevant une chapelle commémorative du miracle. A Dole, ce sont les avocats au parlement qui se réservent l'honneur d'y employer une somme de 10,000 écus ; la sainte Hostie s'y conserve dans un coffre précieux défendu par un treillis de fer, muni d'une triple serrure.

A Faverney, les bénédictins, renouvelés dans l'esprit de leur règle (4), lui composent un magnifique office, qui restera comme un monument de

(1) La lettre de jussion, signée de l'archiduc Albert, se trouve aux archives de la Haute-Saône, H, 520.

(2) Arch. de Faverney et de Dole. Les Dolois ont grand soin de représenter que Faverney est près de la frontière, exposé aux coups de main, et que la sainte Hostie n'y est pas en sûreté.

(3) Dans ce voyage, le comte de Champlitte, gouverneur de la province, vint jusqu'à Gy pour voir la sainte Hostie et la vénérer ; on ouvrit en sa faveur le coffret qui la renfermait. La sainte Hostie de Dole était plus épaisse et plus roussie que celle de Faverney. (Déposition du maieur Alix, de Dole

(4) L'abbaye de Faverney revint à la règle primitive de saint Benoît en 1613-1614. Ce retour a été regardé comme un des fruits du miracle.

leur science et de leur foi, tandis que les offrandes des seigneurs et du peuple dotent la chapelle du miracle, et manifestent la croyance générale sous des formes aussi touchantes que variées. Les uns veulent entretenir des lampes devant la sainte Hostie, d'autres lui envoient des flambeaux de cire historiés, ceux-ci fondent des anniversaires, ceux-là veulent des offices particuliers; une confrérie s'établit et lui forme (1609) une garde d'honneur dans laquelle s'inscrivent les plus beaux noms de la province, et les saintes hosties de Faverney deviennent le palladium du comté de Bourgogne (1). J'ouvre les recès des états et les registres du parlement; j'y trouve à chaque page des preuves de confiance et des marques de foi. C'est ainsi qu'en 1629, au moment où la peste menace la province, les états réunis à Dole vouent une messe solennelle à la sainte Hostie (2). Le jour même où les Français mettent le siége devant Dole (3), les magistrats promettent d'envoyer une lampe d'argent à la sainte chapelle de Faverney, et l'issue de ce siége fameux justifie pleinement la confiance de ceux qui l'ont soutenu.

Durant un siècle, ce pieux élan ne se ralentira pas. Chaque année, les processions de Dole et de Faverney attirent des multitudes de pèlerins, et il faut un décret spécial pour modérer l'empressement de la foule et régler l'ordre des préséances (4). Un nouveau prodige vient encore augmenter la dévotion au sacrement du miracle dans tout notre diocèse. Le jeudi saint de l'an 1726, un violent incendie s'allume à Faverney; bientôt les secours humains sont impuissants, on songe à sortir la sainte relique de son tabernacle; mais, par une étrange fatalité, la sainte chapelle était tellement encombrée par la charpente du reposoir, qu'il fallut près

(1) Il serait trop long d'indiquer les fondations nombreuses faites à la chapelle du miracle. Dole y avait fondé une grand'messe chaque année, le 18 décembre; deux flambeaux de cire, aux armes de la ville, pour le lundi de la Pentecôte. Les dames de Remiremont, les sires de Varambon, les prêtres et les fidèles du voisinage, furent les auteurs de ces libéralités. Les confréries du saint Sacrement s'établirent aussitôt. Celle de Faverney fut approuvée le 31 juillet 1609. Le 18 juillet de la même année, le gouverneur de la province avait fondé lui-même la confrérie de Gray. (Archives de l'abbaye, de Dole et de Gray.)

(2) On trouve le texte de cette fondation annuelle et vraiment nationale dans les recès des états, tome II, pages 500-502.

(3) 1er juin 1636. Délib. du mag. de Dole. Cette lampe sera de mille francs. Le mauvais état des finances de l'héroïque capitale ne lui permit de donner la lampe qu'en 1649; mais elle y ajouta une rente annuelle de 21 fr. pour l'entretenir. (Arch. de la Haute-Saône.)

(4) Décret archiépiscopal du 6 janvier 1682. (Ant.-Pierre de Grammont. Arch. de la Haute-Saône.)

d'une heure pour arriver à l'ostensoir. Quarante-cinq maisons étaient déjà réduites en cendres ; une dizaine d'autres s'enflammaient, et la ruine de la ville était imminente, mais quand la sainte Hostie parut, les flammes s'arrêtèrent tout à coup [1], et ce fut en reconnaissance de ce bienfait que l'archevêque de Besançon étendit à tout son diocèse la fête de la sainte Hostie, qui ne s'était alors célébrée qu'à Faverney et à Dole [2].

Au milieu de l'indifférence du siècle dernier, la sainte Hostie ne fut jamais oubliée, et l'image de l'ostensoir de Faverney se trouvait collée aux murs des plus pauvres chaumières comtoises, tandis que l'invitation aux fêtes de la Pentecôte s'affichait sur nos principaux monuments publics [3]. Au jours mêmes de la Terreur, la sainte relique a le privilège d'être populaire. Quand des mains étrangères veulent la ravir, c'est le maire qui la défend, c'est la municipalité qui la sauve, en la mettant sous la protection de la loi, et le premier acte religieux qu'accomplissent les citoyens de Faverney, sous le porche de cette église, est la reconnaissance solennelle de la relique vénérée dont leurs ancêtres racontaient des merveilles (14 juin 1792).

Des jours meilleurs viennent enfin. Les ruines ont disparu. Et ici je n'interrogerai plus vos ancêtres, j'évoque des souvenirs tout récents et personnels. Vous souvient-il de ce qu'était naguère cette église ? Il y a vingt ans à peine, lorsque le pèlerin de la sainte Hostie en franchissait le seuil, les regards attristés cherchaient en vain cette sainte chapelle, où notre généreuse province apportait autrefois ses présents et ses vœux. Les piliers déshonorés et les voûtes fendues de la vieille basilique semblaient un défi jeté au bon goût et à la foi de ceux qui venaient adorer le Dieu qui sait commander aux flammes. Aujourd'hui Notre-Dame de Faverney a vu renouveler sa jeunesse, la sainte chapelle est redevenue ce bijou resplendissant qui était la gloire et l'honneur du pays, et auquel chaque anniversaire apporte avec un lustre nouveau quelque nouvelle offrande,

---

(1) Ces détails sont tirés du manuscrit de D. Maur Michelet, à la bibl. de Vesoul. Le P. Ludovic, de Faverney, qui avait alors huit ans, en parle aussi dans son manuscrit. (Bibl. de Besançon.)

(2) Ce ne fut pas Ferdinand de Rye qui établit la fête de la Sainte-Hostie au 30 octobre, comme l'a dit un de nos historiens ; la preuve en est que cet office ne se trouve pas dans les missels du XVIIe siècle. C'est D. Maur Michelet qui nous donne ce détail. (Manusc. de Vesoul.)

(3) L'invitation à la Pentecôte était adressée aux villes principales de la province par la ville de Dole. On annonçait aussi les causes de maladie ou mortalité pour lesquelles la fête était transférée. (Arch. de la Haute-Saône.)

quelque prière plus fervente. Et ne croyez pas que le zèle d'un pasteur éminent et d'une administration dévouée aient pu seuls opérer cette merveilleuse transformation (1). Non, c'est la piété populaire qui les a soutenus dans cette œuvre difficile, c'est la foi et la confiance de tout le pays qui étaient avec eux, c'est la vieille renommée de la sainte Hostie qui a enfanté ces merveilles !

Et pour qu'il ne manque aucun fleuron à cette couronne de gloire, voilà qu'au moment où son sanctuaire se relève, le miracle de Faverney sort victorieux de l'épreuve la plus délicate qu'il ait pu subir. C'est à la vue des pièces authentiques et des témoignages innombrables de la piété de nos pères, que le tribunal le plus sévère qui soit au monde l'admet à l'unanimité et que l'incomparable Pie IX lui imprime ce caractère décisif qui le recommande à tout l'univers (2). O sainte Eglise de Rome, soyez bénie pour ce témoignage de confiance octroyé si libéralement à nos aïeux !

Et maintenant, que reste-t-il à vous dire, sinon : Louez le Seigneur de ses bienfaits, et montrez-vous dignes des faveurs signalées dont il vous comble. Que sont devenues les insignes reliques dont se glorifiait la Franche-Comté ? Le corps de saint Claude a disparu dans les flammes, la sainte Hostie de Dole n'est plus qu'un souvenir, et nul ne saurait dire ce qu'est devenu ce *béni Saint-Suaire* dont l'ostension attirait chaque année cinquante mille personnes dans nos métropoles bisontines. Plus sage ou plus heureuse que ces villes, Faverney a conservé son trésor le plus précieux, et longtemps encore ses enfants chanteront le cantique de reconnaissance entonné sous ces voûtes par les bénédictins :

Inter omnes, urbs electa,
Esto memor, esto grata ;
Pignus servas Hostiam (3).

Habitants de Faverney, soyez-en fiers, et souvenez-vous que c'est à la sainte Hostie que votre ville doit sa renommée et sa gloire !

(1) L'église de Faverney a été classée parmi les monuments nationaux sous le gouvernement de juillet, à raison surtout du miracle de la sainte Hostie et des souvenirs qui s'y rattachent. L'Etat s'est chargé des réparations extérieures ; la commune, la fabrique et la générosité des fidèles ont fait le reste. La dépense totale s'est élevée à environ 70,000 francs.

(2) C'est à vue des procès-verbaux, des lettres de jussion et du rapport de l'archevêque de Corinthe, présentés par S. Em. le cardinal Mathieu, que le miracle de la sainte Hostie et son office ont été approuvés à Rome.

(3) Prose de la sainte hostie, par les bénédictins. Nous croyons être agréable au lecteur en reproduisant ici cette prose, qui est inédite et ne se chante qu'à Faverney.

Et vous, pieux pèlerins, qui venez chaque année grossir le cortége triomphal du Dieu vainqueur des flammes, soyez bénis pour cet acte de foi, pour cette éclatante protestation de fidélité à la croyance de vos aïeux. Le Dieu de l'Eucharistie reconnaît en vous les dignes fils de ceux qui vinrent, en 1608, lui rendre un solennel hommage et lui protester que la Franche-Comté, honorée de sa prédilection, ne ferait jamais naufrage dans la foi.

Seigneur Jésus, vous le voyez, ils sont à vos genoux, ils sont restés fidèles, ils aiment à réchauffer leurs âmes au grand soleil de votre amour. Soyez pour eux ce que vous avez été pour leurs pères, et qu'à la dernière heure votre Hostie salutaire, illuminant de ses divins rayons leur paupière expirante, devienne pour eux tous la consolation suprême, le viatique du grand voyage, le talisman de l'immortalité.

L'Abbé Morey.

PROSE DE LA SAINTE HOSTIE.

Christum nube delitentem,
Igne Deum se probantem,
Ora canant omnium.

Plaudant simul corda, voces,
Quis ferre frigidus posses
Amoris incendium?

Nocte surgit flamma vorax,
Christum ambit ignis edax,
Præcipiti turbine.

Numen ignis veneratur,
Deum noscit qui velatur
Sub panis imagine.

Prunæ candent, ardet ara,
Conflagratur ædes sacra,
Illæsæ stant hostiæ.

Pixis simul non succensa,
Tuæ, Deus, stat suspensa
Virtute potentiæ.

Fama volat, currunt omnes,
Ipsi vident infideles,
Augent nubem testium.

Panis velo Deus lates,
Ignis telo Deus pates
Oculis credentium.

Quod in Thabor lux expressit,
In hâc æde lux detexit
Deitatis gloriam.

Inter omnes, urbs electa,
Esto memor, esto grata,
Pignus servas Hostiam.

Ecce Panis angelorum,
Factus salus, spes avorum,
Manna manet incorruptum,
In solamen posteris.

In figuris præsignatur,
Quandò rubus inflammatur,
Elias curru levatur,
Fornax parcit pueris.

Charitas, quâ nos amâsti,
Pie Jesu, quâ litâsti,
Ignes igne quâ domâsti,
Urat, dùm te sumus pasti,
Quæ nocent, terrestria.

Vero Deus, Panis vero,
Exaltatus in aere,
Nos attrahe, nos tuere,
Fac nos regna possidere.
Quæ tenes cœlestia,
Alleluia !

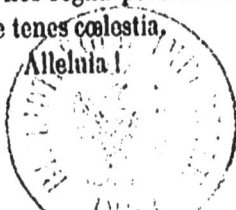

www.ingramcontent.com/pod-product-compliance
Lightning Source LLC
Chambersburg PA
CBHW061806040426
42447CB00011B/2501